बात जड़

अपनी कुछ नज़्मों और ग़ज़लों के ज़रिये

डॉ. संदीप अत्रे

notionpress.com

INDIA · SINGAPORE · MALAYSIA

Copyright © Dr. Sandeep Atre 2023
All Rights Reserved.

ISBN 979-8-88883-672-9

This book has been published with all efforts taken to make the material error-free after the consent of the author. However, the author and the publisher do not assume and hereby disclaim any liability to any party for any loss, damage, or disruption caused by errors or omissions, whether such errors or omissions result from negligence, accident, or any other cause.

While every effort has been made to avoid any mistake or omission, this publication is being sold on the condition and understanding that neither the author nor the publishers or printers would be liable in any manner to any person by reason of any mistake or omission in this publication or for any action taken or omitted to be taken or advice rendered or accepted on the basis of this work. For any defect in printing or binding the publishers will be liable only to replace the defective copy by another copy of this work then available.

Contents

बात की शुरुआत   5

फ़ितरती कलाम   7

रिवायती कलाम   105

बात की शुरुआत

मेरा मानना है कि जिन ख़यालात और एहसासात के असर में एक शायर लिखता है वो उस तक तीन तरीक़ों से पहुंचते हैं - तसव्वुर (इमेजिनेशन), नज़र (ऑब्ज़र्वेशन) और तज्रिबा (एक्सपीरियंस)। जो आप आने वाले सफ़्हों में पढ़ेंगे उसको लिखने की वजहें मुझ तक भी इन्हीं तीन तरफ़ से पहुंची हैं। इस तरह देखा जाए तो मेरे लिक्खे में उन सभी लोगों की शिरकत है जो मेरी ज़िंदगी में मुख़्तलिफ़ क़िरदार में रहे या आते-जाते रहे हैं।

इस बात से जुड़ी एक और अनोखी सुहूलत मेरे पास रही है जो हर शायर के पास नहीं होती। वो है मेरा पेशा। मैं एक काउन्सलिंग साइकोलॉजिस्ट हूँ और साथ ही साथ एक ट्रेनिंग-एंटरप्रेन्योर की तरह मेरे काम का दायरा 'इमोशनल और सोशल इंटेलिजेंस' रहा है। इस वजह से चाहे वो पर्सनल काउन्सलिंग सेशन हो या वर्कशॉप, मुझसे कई लोग अपनी कहानी और अपने जज़्बात साझा करते हैं। अब चूंकि मैंने सुना बहुत है इसलिए मुझे लगता है कि मेरे पास कहने के लिए बहुत कुछ है।

जो ग़ज़लें और नज़्में मैं आप से साझा कर रहा हूँ वो मैंने पिछले तीन दशकों में अलग अलग वक़्त पर लिखी हैं और इसलिए मुझे यक़ीन है कि हर उम्र के पढ़ने वाले को इस क़िताब में अपने से जुड़ा कुछ मिलेगा। ज़ाहिर है

इसी वजह से आपको ज़बान के मिज़ाज में भी फ़र्क़ दिखेगा। इस बाबत उर्दू के कम-सुने लफ़्ज़ों के मतलब आपको फुट-नोट में मिल जाएंगे। और हाँ! अगर एकाध कलाम थोड़ा पेचीदा लगे तो याद रखियेगा कि आगे आसान भी हैं; पढ़ते रहिएगा। वैसे क़िताब में मैंने अपने कलाम को दो हिस्सों में बांटा है - 'फ़ितरती कलाम' और 'रिवायती कलाम'। दोनों के अंदाज़ में क्या फ़र्क़ है ये समझना मैं आपके अंदाज़े पर छोड़ता हूं। इसके अलावा एक बार को ये ख़याल भी आया था कि ग़ज़लों और नज़्मों को अलग-अलग हिस्सों में रखूं पर फ़िर सोचा कि पढ़ने के दौरान आने वाला सहज बदलाव शायद आपको अच्छा लगेगा इसलिए उन्हें मिला-जुला रखा है। तो आइये बात शुरु करें जज़्बात की...

- डॉ. संदीप अत्रे

फ़ितरती कलाम

1.

कहीं हो कर वहां होना मयस्सर अब कहां हमको
कि अब तो फिरते रहते हैं ज़ेहन के हर इशारे पर

कभी यादों के उस हिस्से में जो सुलझा नहीं अब तक
कभी अपने तसव्वुर की किन्ही अनजान गलियों में

भटकते रहते हैं बस बेसबब से अनमने से हम
कि बेतरतीब सी इक ज़िंदगी के सिलसिले से हम
रहे महरूम इस इक फ़लसफ़े से, क़ायदे से हम

कहीं होकर वहां मौजूद होना एक ने'मत है
कहें तो एक फ़ितरत है या कह लें एक आदत है

ये पहली शर्त है दिल के सुकूं की ख़ुशमिज़ाजी की
ये पहली शर्त है मक़बूलियत की क़ामयाबी की

अगर इस इल्म को अपने अमल में ला सकें हम सब
नुमायाँ हो हरेक लम्हे में सारी ज़िंदगी भी तब

मगर हम में से हर एक शख़्स की बस ये मुसीबत है
कहें तो एक फ़ितरत है या कह लें एक आदत है

कहीं हो कर वहां होना मयस्सर अब कहां हमको
कि अब तो फिरते रहते हैं ज़ेहन के हर इशारे पर

मयस्सर = उपलब्ध होना; ज़ेहन = मन; तसव्वुर = कल्पना; बेतरतीब = अस्त-व्यस्त;

महरूम = वंचित; ने'मत = वरदान; मक़बूलियत = यश; इल्म = समझ; नुमायाँ = स्पष्ट दिखाई देना

2.

सही हो सब, सभी अच्छा हो, और हो सोच के मुताबिक़
हो तय मी'आद में और ठीक जैसा मैंने चाहा था

ये क्या ज़िद है, क्या बेताबी है, कैसी बेकरारी है
है क्या ये अहमकाना सा जुनूं जो मुझ पे तारी है

कभी मुद्दत, कभी शिद्दत कभी वादों के नामों पर
ये बेचैनी का जो सामां इकट्ठा कर रहा हूं मैं

कभी पूरा नहीं होता, कभी काफ़ी नहीं रहता
दिनों-दिन बढ़ता जाता है, मगर कम पड़ता जाता है

है था एक मुझसे पहले भी, यही सब करता रहता था
कहां है अब, कहां है वो सभी जो उसने जोड़ा था

अरे ख़्वाहिश हो कोशिश हो ये फिर भी ठीक लगता है
ये साज़िश है, मेरे अपने ज़ेहन के ऐसे हिस्से की

जिसे तुमने बनाया है बहुत बरसों की मेहनत से
जिसे तुमने सिखाया है हरेक लम्हे में शिरक़त से
यही तस्दीक़ करने को कि तन्हा भी रहूं जब मैं
तुम्हारा हो असर मुझपे, तुम्ही मुझको चला पाओ

मगर मैं सब समझता हूं, करूंगा बात आगे भी
अभी मसरुफ़ हूं थोड़ा, बहुत से काम हैं मुझको

मी'आद = समय सीमा; तारी = छाया हुआ; तस्दीक़ = पुष्टि; मसरुफ़ = व्यस्त;

3.

हमारे दिल भी छोटे हैं, ज़रा याददाश्त भी कमज़ोर
ज़रा सी ठेस पहुँची या कोई वादे को भूला और

अचानक सारी दुनिया पर लगे कसने वही ताने
यहां पर कौन है किसका, यहां पर सारे बेगाने

कई उस पार बैठे हैं मेरे गिरने पे हंसने को
तो कुछ तैयार बैठे हैं आस्तीनों में डसने को

सभी कम-ज़र्फ़ हैं, गद्दार, सबके सब कमीने हैं
सभी खुदगर्ज़ हैं, मक्कार, खाली सब के सीने हैं

मगर रुककर कभी सोचा, कि वो छोटा सा इक बच्चा
जब इस दुनिया में आया था, जो देखें तो पराया था

वो कितनी गोदों में बैठा, वो कितनी बाहों में सम्भला
वो किसके कांधों पे सोया, वो किसके चेहरों से बहला

किसी ने क़लम पकड़ाई, किसी ने लफ़्ज़ सिखलाये
किसी ने खेल खिलवाये, किसी ने ज़ख्म भरवाए

किसी ने बरसों पहले बीज बो कर साया दिलवाया
किसी का लिक्खा पढ़ के उसको जीने का श'ऊर आया

वो सब क्या उसके अपने थे, क्या सब एक घर के जाये थे
नहीं साहब, कई अनजान, बेगाने, पराये थे

वो बच्चा आज मैं और आप हैं तो ऐसा होने में
कई लोगों का हिस्सा है हमारा 'मैं' संजोने में

मगर यां तक पहुँचने पर कहाँ दिखता है कोई और
हमारे दिल भी छोटे हैं, ज़रा याददाश्त भी कमज़ोर

कम-ज़र्फ़ = तुच्छ; श'ऊर = तमीज़

4.

मैं कल ना रहा तो बदल जाएगा क्या
वही सुबह होगी वही रात होगी
पहर दो पहर की रिवायत रहेगी
फ़क़त एक दिन को मेरी बात होगी

महल्ले के कुछ लोग होंगे इकट्ठा
मेरे चंद अ'इज़्ज़ा भी नाज़िर रहेंगे
कुछ अपनी सुहूलत से आगे जुड़ेंगे
तो कुछ उस तरफ ही मुहाजिर रहेंगे

ख़बर जब मिलेगी, कहाँ कैसे जाएं
कई तो इसी पर परेशान होंगे
जो ताउम्र मुझ से ख़फ़ा ही रहे थे
अचानक से मुझ पर मेहरबान होंगे

बात जज़्बात की

कहीं पर बहेंगे रिवाजों के आंसू
कहीं कुछ बहा लेंगे रियाज़ के भी
कोई अपने ग़म से ही रो लेंगे थोड़ा
कई फिर बना लेंगे आवाज़ के भी

बहाने से मेरे सभी फिर मिलेंगे
ज़रा चैन पाएंगे खुद से जुदा भी
छुपे फलसफे फिर से ज़ाहिर बनेंगे
चलो याद आएगा सबको ख़ुदा भी

वहाँ एक होगा, मौके का माहिर
मेरा सब उसी के मुताबिक़ रहेगा
कहाँ क्या लगेगा, कहाँ क्या बनेगा
कहाँ क्या जलेगा, कहाँ क्या बहेगा

मेरी ख़ामियां जल के सब ख़ाक होंगी
मेरे ऐब पाएंगे दियासलाई
अजब है वहाँ सबको बस याद होगी
मेरी बेगुनाही या मेरी भलाई

उफ़ुक़ पे खड़ा हो के सोचूंगा मैं फिर
जो लंगर दिए हैं, सफ़ीने भी देते

16

मोहब्बत दिखाई है मरने पे जितनी
इनायत से उतनी ही जीने भी देते

मोहब्बत दिखाई है मरने पे जितनी
इनायत से उतनी ही जीने भी देते

रिवायत = परंपरा; फ़क़त = सिर्फ़; अ'इज़्ज़ा = रिश्तेदार; नाज़िर = दर्शक;

मुहाजिर = प्रवासी; उफ़ुक़ = क्षितिज; सफ़ीने = जहाज़;

5.

रियाज़ पक्का है, तालीम है, तैयारी है
फ़िर भी फ़न बेचने की जिद्द-ओ-जहद जारी है
'उरुज-ए-एहलियत में आधी उम्र वारी है
फ़िर भी फ़न बेचने की जिद्द-ओ-जहद जारी है

कई मुरीद हैं, रोशन-ख़याल कहते हैं
मेरे कलाम को भी बेमिसाल कहते हैं
कुछेक का मानना है मुझ पे नूर तारी है
फ़िर भी फ़न बेचने की जिद्द-ओ-जहद जारी है

हमेशा रिश्ते फ़ायदे से बड़े माने हैं
उसूल अपने कायदे से बड़े माने हैं
इरादे नेक हैं दिल में ईमानदारी है
फ़िर भी फ़न बेचने की जिद्द-ओ-जहद जारी है

अपने उस्तादों का हरसूँ लिहाज़ रक्खा है
अपने शागिर्दों के बढ़ने पे नाज़ रक्खा है

रिवायतों की भी निभाई ज़िम्मेदारी है
फ़िर भी फ़न बेचने की जिद्द-ओ-जहद जारी है

इल्म पे अपने सदाक़त से बहुत काम किया
फ़िक्र, संजीदगी, मेहनत से बहुत काम किया
फ़र्ज़ के दरमियान ज़िंदगी गुज़ारी है
फ़िर भी फ़न बेचने की जिद्द-ओ-जहद जारी है

जिद्द-ओ-जहद = संघर्ष; 'उरुज-ए-एहलियत = क़ाबिलियत की ऊंचाइयां;

सदाक़त = सच्चाई; तारी = छाया हुआ

6.

ख़ुशी की एक अपनी कीमिया है

बनाओ ज़र्फ़ और फिर लो ज़िहानत
उठाओ फ़र्ज़ और फिर लो इनायत

मुनासिब आदतें लो और नफ़ासत
सही अलफ़ाज़ लो और अच्छी सोहबत

हसीं सा ख़्वाब लो और ख़ूब मेहनत
मगर जो पा लिया उसकी भी लज़्ज़त

ज़रा सा शौक़ लो और थोड़ी फ़ुरसत
लो खुद से वस्ल और अपनों से क़ुरबत

अगर इस सब पे आए थोड़ी बरक़त
मिलाकर मिल ही जाएगी मसर्रत

कीमिया = रसायन विज्ञान; ज़र्फ़ = सहनशीलता; ज़िहानत = समझ;

नफ़ासत = मृदुलता; वस्ल = मिलान; मसर्रत = ख़ुशी

7.

जिसका हो मंज़िल से रिश्ता उसको ख़ालीपन लगे
जो सफर से जुड़ गया हो वो कभी तन्हा कहाँ

रास्ते की ग़र्द उसके पांवों की साथी बने
जलते सूरज की तपिश का उसके सर पर हाथ हो
हाथ उसका थामे उसके जिस्म को छूती हवा
और रौशन चाँद की ठंडी किरण का साथ हो

हो तसव्वुर नक़्शा उसका ख्वाहिशें हों रहनुमा
हो यकीं उसका मसीहा कोशिशें हों हमनवा
क्या भला उसको गरज़ अगला कदम कुछ तेज़ हो
वो तो चलते रहने के जज़्बे से ही लबरेज़ हो

जो सफर से जुड़ गया हो वो कभी तनहा कहाँ

ग़र्द = धूल; तसव्वुर = कल्पना; रहनुमा = पथ-प्रदर्शक; हमनवा = समर्थक; लबरेज़ = भरा हुआ

8.

ओढ़ चोला, चल चलें बाज़ार में
हो गया दिन फिर चलें क़िरदार में
फिर से लौटें अपने अपने खेल में
बिन सलाखों वाली ज़ेहनी जेल में

ओढ़ चोला, चल चलें बाज़ार में
हो गया दिन फिर चलें क़िरदार में

फिर से वो ही तयशुदा बातें करें
ख़्वाह-मख़ाह से कुछ मुलाक़ातें करें
थोड़ी चुप्पी थोड़ी बेबाक़ी रखें
और अदब के पीछे चालाकी रखें

ओढ़ चोला, चल चलें बाज़ार में
हो गया दिन फिर चलें क़िरदार में

अपने अपने क़रतबों से काम लें
खोलें अपनी जेब और इनाम लें
कुछ हुनरमंदों से थोड़ी सीख लें
थोड़ा हक़ का मांगें, थोड़ी भीख़ लें

ओढ़ चोला, चल चलें बाज़ार में
हो गया दिन फिर चलें क़िरदार में

सदियों दोहराया हुआ क़िस्सा कहें
लोग जो सुन पाएं वो हिस्सा कहें
सच कहें तो बस किसी अश'आर में
वरना खो दें खुद को उस 'अय्यार में

ओढ़ चोला, चल चलें बाज़ार में
हो गया दिन फिर चलें क़िरदार में

ज़ेहनी = मानसिक; ख़्वाह-मख़ाह = अनावश्यक; अश'आर = शे'र; 'अय्यार = चालाक/बहरुपिया

9.

शुरू किया जो काम उसको मुकम्मल करना
ये सब से आ'ला तरीक़ा है ख़ुद-बुलंदी का

जो वादा ख़ुद से किया उसको निभाया जाए
ये सब से पहला सलीक़ा है अक्लमंदी का

अधूरी दास्ताँ अपनी ज़ुबानी कहती है
कि लिखने वाले का अपना भी कुछ अधूरा है

उसी तरह से बनी बात ये बताती है
बनाने वाला भी पुख़्ता है और पूरा है

वो हर फ़साना जिसे बीच में हो छोड़ा गया
यक़ीन थोड़ा सा कुरेद के ले जाता है

या दर्द बन के दिल में बारहा सुलगता है
या रंज बन के यक-ब-यक ही लौट आता है

ये बात याद रखो 'भूलना नहीं मुमकिन'
हरेक तजुर्बा दर्ज होता है कहीं हर दिन

ज़ेहन से कोई भी लम्हा नहीं निकलता है
वो सारी उम्र बन के माज़ी साथ चलता है

इसीलिए जो सिलसिला शुरू किया जाए
उसे मुफ़ीद सा अंजाम भी दिया जाए

उसे मुफ़ीद सा अंजाम भी दिया जाए

मुकम्मल = पूरा; आ'ला = बढ़िया; खुद-बुलंदी = ख़ुद की बेहतरी; बारहा = बार-बार;

यक-ब-यक = अचानक; माज़ी = अतीत; मुफ़ीद = सार्थक

10.

परिंदे खोल अपने पंख और परवाज़ दे ख़ुद को
अकेला है मगर तन्हा नहीं आवाज़ दे ख़ुद को

किसे फ़ुरसत करे कोशिश तेरी ख़ामोशी सुनने की
ज़रा जज़्बात को देकर ज़ुबां अलफ़ाज़ दे ख़ुद को

कोई शुरुआत से गर साथ ना दे याद रख इतना
सफर में हमसफ़र होंगे अगर आगाज़ दे ख़ुद को

अगर हालात ना बदले नया कोई नज़रिया चुन
बनाने को नई धुन फिर पुराना साज़ दे ख़ुद को

तुझे उठना है अपनी राख़ से और फिर से उड़ना है
परिंदे ख़ुद को पैदा कर नया शाहबाज़ दे ख़ुद को.

परवाज़ = उड़ान; शाहबाज़ = बड़ा बाज़ (वीर)

11.

ख़ुदा से जब मिले ने'मत तो ठुकराया नहीं करते
जब अपना वक़्त अच्छा हो उसे ज़ाया नहीं करते

सभी करते हैं कोशिश पर सिला सबको नहीं मिलता
अगर हक़ में हवा हो हाथ रुक जाया नहीं करते

मुफ़ीद हो जब सितारों की जमावट, फ़ैज़ आता है
उठो, फिर ऐसे मौके बारहा आया नहीं करते

अगर ख़ुश आज हैं कल की ख़ुशी के बीज भी बो लें
हमेशा हाथ उसके क़ैफ़ बरसाया नहीं करते.

ने'मत = वरदान; सिला = फल; मुफ़ीद = सार्थक; फ़ैज़ = यश; बारहा = बार-बार; क़ैफ़ = आनंद

12.

ये बात और है मैं पा नहीं सका तुमको
थी जिसकी चाह वो मंज़िल नहीं मिली हमको

चलो मगर इस मुख़्तसर से अर्से में
चलो मगर इस बेसबब से रिश्ते में

जो मेरे पास था वो सब तुम्हे दिया मैंने
हरेक सांस पे इस साथ को जिया मैंने

तुम्हारे आस-पास ही बुना जहां अपना
तुम्हारे नाम किया हर ख़याल हर सपना

ये बात और है मैं पा नहीं सका तुमको.

मैं जाते बर भी नहीं मांग रहा कुछ ज़्यादा
बस एक गुज़ारिश है सिर्फ करो इक वादा

कि जब भी देखोगी ज़िंदगी में तुम मुड़ कर
करोगी फ़ख़्र सदा तुम हमारे रिश्ते पर

मैं फ़िर कहीं भी रहूँ और किसी का भी रहूँ
मुझे यूँ सोच कर ताउम्र रहेगा ये सुकूं

कि मैं हारा नहीं. कि मैं हारा नहीं.

मुख़्तसर = जो लंबा न हो

13.

किसे मालूम है ये और किसको फ़र्क़ पड़ता है
कि तुम किस दर्द में हो और तुम पर क्या गुज़रती है

हरेक को वास्ता इससे कि तुम उसकी कहानी में
जो इक किरदार रखते हो उसे कैसे निभाते हो

अलावा उसके जो कुछ है तुम्हारा ज़्याती मसला है
तुम्हारी अपनी उलझन है तुम्ही को दूर करनी है

ये बेचैनी जिसे दिन रात तुम महसूस करते हो
तुम्हारी ज़ेहनी कसरत है जो तुमको अच्छी लगती है

ये मायूसी जो तुमको रात को सोने नहीं देती
तुम्हारे दिल की फ़ितरत है जो तुमको ही बदलनी है

ये जो जिद्द-ओ-जहद करते हो तुमने ख़ुद चुनी है ये
तुम्ही को जूझना है और तुमको पार पाना है

किसे मालूम है ये और किसको फ़र्क़ पड़ता है.

14.

'ख़ुदा पर बदगुमानी' शौक आदम का पुराना है
कहानी है शुरु होती 'बहुत पहले' के पहले से

हमारे जद्द-ए-अमजद का सवाना में बसेरा था
बड़ी ही पुर-ख़तर थी रात, मुश्किल हर सवेरा था

थे जितने जान वाले जान लेने पर थे आमादा
किसी में ज़्यादा ताक़त और कोई रफ़्तार में ज़्यादा

हमारे इर्तिक़ा-ए-नस्ल के वो दौर थे ऐसे
समझ भी कम थी क्या है, क्यों, कहाँ, कब, कौन और कैसे

उसी मुश्किल में, डर में, उलझनों में और तजस्सुस में
जहां पर पेश-गोई की नहीं कोई थी गुंजाइश

हुआ आगाज़ था इक ऐसे लाफ़ानी तसव्वुर का
जो हाज़िर था, जो नाज़िर था, जो आज़म और मुनव्वर था

जो ना-मालूम वो उसकी रज़ा या फैसला उसका
अगर जो डर लगे तो चल पड़ो ले हौसला उसका

तो बस फिर क्या था वो शाही तसव्वुर चुन लिया हमने
उसी के इर्द-गिर्द अपना फ़साना बुन लिया हमने

मगर ज्यों वक़्त बीता, साथ में हालात भी बदले
हमारी नस्ल पनपी और फ़िर दिन-रात भी बदले

नए इंसान का आना हुआ, जो बेशुमार आया
इल्म के साथ ताक़त भी बढ़ी और इख़्तियार आया

नए हालात के चलते या कह लें अक्ल आने पर
सवाल उठने लगे पहले के हर काबिज़ फ़साने पर

उन्ही में एक तसव्वुर था किसी की निगहबानी का
सवाल उठे क्या वो था बस नतीजा मुँहज़बानी का

थे अब कुछ पूछने वाले भी और कुछ मानने वाले
मनाने वाले, शक करने वाले, मारने वाले

तसव्वुर अब वो आफ़त भी है और है शादमानी भी
चलेगी अब हमेशा तक ख़ुदा पर बदगुमानी भी

बदगुमानी = अविश्वास; जद्द-ए-अमजद = बुज़ुर्ग; सवाना = घास का बड़ा मैदानी क्षेत्र (विशेषतः अफ़्रीक़ा में) जहां माना जाता है कि आधुनिक मनुष्य की शुरुआत हुई थी.; पुर-ख़तर = ख़तरनाक;

आमादा = तैयार होना; इर्तिक़ा-ए-नस्ल = हमारी नस्ल का इवोल्युशन; तजस्सुस = तलाश; पेश-गोई = पूर्व-सूचना; लाफ़ानी = जो कभी नष्ट न हो; तसव्वुर = कल्पना;

नाज़िर = दर्शक; आज़म = सब से बड़ा; मुनव्वर = रोशन; इख़्तियार = काबू; काबिज़ = जिसका पहले से कब्ज़ा हो; निगहबानी = सुरक्षा; मुँहज़बानी = मौखिक रुप से; शादमानी = खुशी

15.

बहुत काम आ रहा है मुझ को मेरी ज़िंदगी का ग़म
मेरी आहों से जुमले बुन के महफ़िल लूट लेता हूँ

हुआ शर्मिंदा जिस पे वो लतीफ़ों में सुनाता हूँ
लुटे दिल से कहे हर शेर से दिल लूट लेता हूँ

ख़ताओं को तजुर्बे की तरह से पेश करता हूँ
दिखाकर रास्ते पर नाज़ मंज़िल लूट लेता हूँ

जो गुर हालात से पैदा हुए अपने बताता हूँ
सवार हो कर के लहरों पे मैं साहिल लूट लेता हूँ

बस इतना सा ही अफ़साना है मेरी क़ामयाबी का
चुकाकर ज़िंदगी का क़र्ज़ हासिल लूट लेता हूँ

16.

मुझे था गुमां कि है नज़दीक मंज़िल
लम्हे भर ना ठहरा उमर भर चला हूँ
मगर रुक के देखा तो ये बात जानी
जहां से चला था वहीं पर खड़ा हूँ

है पर अब ये मुश्किल कि इतने बरस फिर
जहां मैं चला था वो क्या रहगुज़र थी
जहां लोग आए जहां लोग छूटे
वो कैसा था मंज़र वो कैसी डगर थी

किया जो भी हासिल, है क्या उसका मतलब
वो जो कुछ बनाया, क्या सपना था वो सब
वो रिश्ते वो नाते वो घर वो दुकानें
जो ताउम्र जोड़ा, है क्या उसके माने

वजह ढूंढ़ने को अगर मुड़ के देखूं
समझ आ रहा है हुआ दरअसल यूँ
सफर में चला जब था उस वक़्त पूरा
कहीं बीच रस्ते हुआ मैं अधूरा

अलग रूह कर दी, अलग कर दिया दिल
मैं चलता रहा ढूंढने अपनी मंज़िल
मैं बाद उसके यूँ तो रहा रहगुज़र में
मैं अंदर ठहर कर, था बाहर सफ़र में

मैं अंदर ठहर, कर था बाहर सफ़र में
जहां से चला था वहीं पर खड़ा हूँ

17.

जब भी लौटो तो कहानी को फिर नई मानो
वक़्त के साथ में क़िरदार बदल जाते हैं

दरमियाँ अपने जो कहते हैं कुछ न बदलेगा
ख़ुद नहीं जानते हर बार बदल जाते हैं

ख़ुद को जब बेचने निकलो तो ये भी याद रहे
हर नए साल में बाज़ार बदल जाते हैं

अब कि सुनते हैं तिजारत का है दस्तूर नया
चीज़ वो ही है इश्तेहार बदल जाते हैं.

तिजारत = व्यापार

18.

जा कह दे जा के ख़ुदा से अपने
मेरी भी नियत बदल रही है
मुझे भी अब चाहिए ख़ुदाई
मुझे भी जन्नत की आरज़ू है

न होगी मुझसे ये बंदगी अब
झुका न पाऊँगा अब मैं सर को
मुझे भी अब शौक़ है ख़ुदी का
नवाज़े जाने की जुस्तजू है

उसे है लगता वही है सब कुछ
उसी की है मिल्कियत जहां पर
जा बोल उसका अगर है रुतबा
हमारी अपनी भी आबरू है

वो रूहदारी की बात करके
हमेशा करता रहा मुझे चुप
पर अब कि कह दूंगा उसको मैं भी
जो तू है मुझमें, मुझ ही से तू है

19.

इक अर्सा कि जिसमें उमर जी चुके हैं
वो लम्हें जो यादों में रुक से गए हैं.

हवाओं में खुशबू, फ़ज़ाओं में जादू
उमंगें रवानी ही फ़ैली थी हरसूँ

दिन इक पल की तरह गुज़रता था
उस आवारगी का भी अपना मज़ा था

शामें अज़ीज़ों में यारों में कटतीं
रातें भी ख़्वाबों ख़यालों में कटतीं

पराए थे अपने, थे अपने पराए
गालियां थीं घर, और घर था सराए

कई रस्में तोड़ीं, कई शौक़ पाले
नशे में धुंए में कभी ग़म निकाले

ऐसे में इक बार दिल भी लगाया
बहुत चैन खो कर ज़रा प्यार पाया

आखों में सपने, नज़र में उम्मीदें
था दिल में सुकूं और गहरी थी नींदें

नवाबों सी फ़ितरत वो नाज़ुक तबीयत
सितारों का रुख़ पर बदलने की कुव्वत

सोचा था अपनी ज़ुबानी लिखूंगा
सभी से जुदा इक कहानी लिखूंगा

मगर ख़ुद अधूरा क़िस्सा बना हूँ
कि मैं भी क़तारों का हिस्सा बना हूँ
कि मैं भी क़तारों का हिस्सा बना हूँ.

20.

तर्ज़-ए-ज़िंदगी तामीर करने का तरीक़ा है
अधूरी कोशिशों से कोई भी माहिर नहीं बनता

बहुत तफ़्सील से तासीर की पहचान की जाए
तबीयत और ताक़त की समझ भी पूरी ली जाए

फिर उसके बाद हो तालीम से बुनियादी तैयारी
तजुर्बों से गुज़रने का सफ़र भी साथ हो जारी

तलाश और बेपनाह तफ़तीश करने में 'उबूर आए
तरीक़ों और तरक़ीबों का भी थोड़ा शऊर आए

तसव्वुर और तवक़्क़ो' भी हो जितना लाज़िमी आए
त'अल्लुक़ और तवाज़ुन में भी ना कोई कमी आए

मुसलसल हो हुनर का तज्ज़िया, अख़्लाक़ी पेशा हो
तरक़्क़ी और तब्दीली की तैयारी हमेशा हो

डॉ. संदीप अत्रे

हो जब तारीफ़ तो उस्ताद की तस्लीम याद आए
हमेशा इल्म की बारीक़ी और तक़सीम याद आए

ये सब होगा तो फिर तौफ़ीक़ से बन जाओगे ग़ालिब
मगर तस्दीक़ करना ज़िंदगी भर रह सको तालिब

तर्ज़-ए-ज़िंदगी तामीर करने का तरीक़ा है
अधूरी कोशिशों से कोई भी माहिर नहीं बनता

तर्ज़-ए-ज़िंदगी = करियर; तामीर = बनाना; तफ़्सील = विस्तार से; तासीर = गुण;

तफ़तीश = छानबीन; 'उबूर = निपुणता; शऊर = तमीज़; तसव्वुर = कल्पना; तवक़्क़ो' = अभिलाषा;

लाज़िमी = ज़रुरी; त'अल्लुक़ = सम्बन्ध; तवाज़ुन = संतुलन; मुसलसल = लगातार;

तज्ज़िया = आकलन; अख़्लाक़ी = उसूलों वाला; तस्लीम = नतमस्तक होना;

तक़सीम = छोटे हिस्सों में बाँट पाना; तौफ़ीक़ = ख़ुदा का रहम;

ग़ालिब = छा जाने वाला; तस्दीक़ = पुष्टि; तालिब = खोजने या ढूंढ़नेवाला

21.

जो हुआ उस पे है जायज़ कि शिक़ायत आए
ये भी वाजिब है अगर फ़िर ना 'अक़ीदत आए

मैं नहीं मांगता पहली सी मुहब्बत आए
मैं नहीं चाहता खोई हुई चाहत आए
मुझको उम्मीद नहीं फिर वही क़ुरबत आए

पर मेरे दोस्त ये दरख़्वास्त है तुझसे मेरी
राह में इस तरह मुंह फ़ेर के मत निकलाकर.

'अक़ीदत = स्नेह; क़ुरबत = नज़दीकी; दरख़्वास्त = अपील

22.

मेरे गुनाहों के परे, मेरे सवाबों से जुदा
मेरी फ़तह मेरी शिकस्त, सारे नक़ाबों से जुदा

भी मेरा एक वजूद है जिसे फर्क ही पड़ता नहीं
कि क्या कहेगा तू मुझे, कि क्या लगूंगा मैं तुझे

मैं जानता हूँ कि मैं कोई अक्स या साया नहीं
ओहदा नहीं, दर्जा नहीं, इक नाम या रिश्ता नहीं

मैं 'मैं' हूँ, और मुझको मेरे होने का पूरा 'इल्म है
मैं 'मैं' हूँ, और मुझको मेरे होने का पूरा 'इल्म है

सवाब = अच्छे कर्म; 'इल्म = समझ

23.

ख़ुदाया काश हर नादान को ये अक्ल आ जाए
कि हर वो चीज़ जो मुमकिन है मुनासिब नहीं होती
कि अपनी बात को कहने का वाजिब वक़्त होता है
कि हर वो बात जो बोली गई, वाजिब नहीं होती

कि हसरत और मुक़द्दर में हमेशा फर्क होता है
कि हर वो चीज़ जो अच्छी लगे, अच्छी नहीं होती
कि जब मन का न हो तो ही ये मन मज़बूत होता है
कि हर वो बात जो उम्दा लगे सच्ची नहीं होती

कि हर कोशिश नतीजा दे ये ज़िद तकलीफ देती है
कि अच्छा या बुरा हो, वक़्त का है बीत जाना तय
कि अपने हौसलों से सारी मुश्किल हल नहीं होती
है सब वक़्ती, भले कितना करे कोई सयाना तय

कि कुर्बत का ज़रुरत से बहुत नाता पुराना है
कि हर मुस्कान के पीछे वफ़ादारी नहीं होती

डॉ. संदीप अत्रे

कि हर वादे का शर्तों से जुड़ा इक ताना बाना है
कि हर इनकार की वजह में गद्दारी नहीं होती

कि हर आइना उसमें दिखने वाले से मुतअस्सिर है
कि हर इंसां को सबसे बढ़ के अपना ग़म ही लगता है
कि हर उम्मीद का दामन पकड़ के फ़िक्र आती है
कि जितना भी मिले दुनिया में थोड़ा कम ही लगता है

कि दादा बाप में, वो आप में होना मुक़र्रर है
कि अपने खून और मिट्टी से रिश्ता उम्र भर का है
कि हर रिश्ता बही-खाते से थोड़ा मिलता-जुलता है
कि हर ख़ामी के पीछे कुछ ख़लल अपनी नज़र का है

कि हम जितना सुलझते हैं ये दुनिया उतनी आसां है
कि सारे शक- शुब्हा का शोर अक्सर डर से आता है
कि दुख के बीज हैं खुद को मुक़ाबिल रखना औरों के
कि अपना सुख हमेशा अपने ही भीतर से आता है

खुदाया काश हर नादान को ये अक्ल आ जाए
कि इस दुनिया में सारी अक्ल नादानी से आती है

मुतअस्सिर = प्रभावित; शुब्हा = दुविधा

24.

मैं अब ख़ामोश रहना चाहता हूँ

बहुत बोला हूँ बरसों से मुसलसल
कभी वजह से अक्सर बेवजह

लिया है काम लफ़्ज़ों से हमेशा
कि अब तो नाचते हैं उँगलियों पर
ज़ुबां भी खेलती है अब तो उनसे

मगर अब कम-असर लगते हैं मुझको
बहुत ही खोखले और बेमानी

जैसे एक जिस्म हो और रूह ग़ायब
इससे तो रूह थी बेजिस्म बेहतर.

25.

भले ही लोग मुझ को एक शख़्स कहते हैं
मेरे अंदर बहुत से लोग साथ रहते हैं

है एक शरीर सा तो एक बड़ा संजीदा
है एक खुला खुला सा एक ज़रा पेचीदा

है एक ज़हीन तो है एक बदज़ुबान बड़ा
है एक सादा सा और एक को गुमान बड़ा

है एक होशियार और एक जज़्बाती
एक ख़ुद्दार बहुत और एक ख़ैराती

बड़ा मासूम एक, और एक है शातिर
एक दिलदार और एक खुद के ही ख़ातिर

है इक हवास में, और इक हवस का है आदी
है एक को घर की आस, एक चाहे आज़ादी

है बेईमान एक और एक अख़्लाक़ी

है एक बेगुनाह, एक की सज़ा बाक़ी

जो ऐसा है तो है सवाल सोचने वाला

मैं इनका जोड़ हूँ या इनको देखने वाला

मैं इनका जोड़ हूँ या इनको देखने वाला

पेचीदा = उलझा हुआ; अख़्लाक़ी = उसूलों वाला

26.

मैं नहीं माँगता क़ुबूल हर दुआ हो मेरी
हाँ मगर ज़ीस्त की जुंबिश पे अख़्तियार रहे
मैं जानता हूँ नतीजे पे नहीं बस मेरा
पर इतना फैज़ दे कोशिश पे अख़्तियार रहे

मुझको मालूम है ख़्वाहिश की हद नहीं होती
अपने पाने को दो जहां भी कम ही लगते हैं
मेरी ख़्वाहिश नहीं पूरी हो मेरी हर ख़्वाहिश
बस इतना ज़र्फ़ दे ख़्वाहिश पे अख़्तियार रहे

मुझे है इल्म सितारे बदलते रहते हैं
न दे कोई भी रिआयत, ये अहलियत दे दे

मेरे हालात की गर्दिश पे नहीं काबू अगर
मेरे जज़्बात की गर्दिश पे अख़्तियार रहे

ज़ीस्त = ज़िंदगी; जुंबिश = हलचल; फैज़ = मेहरबानी; अख्तियार = काबू;

ज़र्फ़ = सहनशीलता; अहलियत = क़ाबिलियत; गर्दिश = चक्कर में घूमना

27.

किसे बताऊँ यहां अपने दिल की बेचैनी
वो जो भी समझेगा, अपनी समझ से समझेगा

जो मुझ को होता है महसूस, मुख़्तलिफ़ है ज़रा...
जो मेरी उलझी हुई ज़िंदगी की गिरहों से
जो मेरे ज़ेहन की अपनी अलग ही वजहों से
जो मेरे कल के रंज और कल की फ़िक्रों से
जो मेरी सोच से, फ़ितरत से, और रिश्तों से
जुड़ा हुआ है

और वो नहीं मेरी जगह...
तो कैसे देखेगा वो सब जो मुझको दिखता है
तो कैसे सोचेगा वो सब जो मुझको लगता है
तो कैसे जानेगा वो सब जो मुझको चुभता है

चलो तो फ़िर ये तय रहा, न कुछ कहा जाए
इसे सहा जाए, बस और चुप रहा जाए

28.

सभी कुछ है मगर इक फाँस सी चुभती है क्यों फ़िर भी
वो क्या है जो नहीं भरता, वो क्या है जो अधूरा है

ये कैसी ख़ोज है जो ख़त्म हो कर भी नहीं होती
ये कैसी प्यास है जो दिन-ब-दिन बढ़ती ही जाती है

कभी जो रात में यूँ ही अचानक नींद खुल जाए
ये कैसी बेक़रारी है जो फिर सोने नहीं देती

सुबह उठ कर जो देखूं बस ख़लिश महसूस होती है
कहीं नामो-निशाँ मिलता नहीं कम्बख्त ख़ारों का

उफ़ुक़ को देखता तन्हा कभी जो सोचने बैठूं
क्यों हल्की सी उदासी सी ज़ेहन को घेर लेती है

कई लोगों से मिलता हूँ कई मजमों का हिस्सा हूँ
ये फिर क्या है जो मिल कर भी किसी से जुड़ नहीं
पाता

डॉ. संदीप अत्रे

मैं शायद झूठ कहता हूँ, मुझे मालूम है शायद
कि इस अफ़सुर्दगी इस अनमनेपन की वजह क्या है

रहा मसरुफ़ कुछ मिल जाए बस इसकी क़वा'इद में
पर अब लगता है मुझको मुझसे मिलने की ज़रुरत है

ये बेचैनी मेरी हस्ती का हिस्सा इसलिए है कि
कभी था दौड़ में शामिल, है अब वो दौड़ मुझमें ही

उफ़ुक़ = क्षितिज; अफ़सुर्दगी = उदासी; क़वा'इद = रस्म

29.

सभी के साथ रहकर भी अगर तन्हा लगे तुमको
समझ जाओ कि कुछ है दिल में जो अब तक नहीं सुलझा

कहीं इक नीम-कश सा ख़ार है निकला नहीं अब तक
या कुछ है जो हलक तक आ के भी लब तक नहीं पहुंचा

है कोई बात कोशिश करके जो मुश्किल से भूली थी
या कोई वाक़ि'आ जो हो के भी अब तक नहीं गुज़रा

कोई सिसकी है जो इक उम्र से होठों पे रक्खी है
या फिर इक अश्क जो पलकों पे है लेकिन नहीं पिघला

है कोई शख़्स जो जाकर भी दिल पर हक़ से काबिज़ है
या कोई शख़्स जो है साथ पर दिल में नहीं उतरा

है कोई ख़्वाब जो तामीर के नज़दीक़ टूटा था
या कोई ख़्वाब जो पूरा हुआ फिर टूट के बिखरा

वो इक मासूम सा कोई यक़ीं जो फिर नहीं आया
या फिर बेसब्र सा कोई शुब्हा जो हर तरफ उलझा

कोई भूला हुआ वादा जो अब तक याद है तुमको
या कोई याद जो दिल वादा कर के भी नहीं भूला

चलो आगे बढ़ो दिल को भला कितना सताओगे
अगर हो भीड़ अंदर ख़ुद को फिर तन्हा ही पाओगे
अगर हो भीड़ अंदर ख़ुद को फिर तन्हा ही पाओगे

नीम-कश = आधा फंसा हुआ; ख़ार = काँटा; शुब्हा = दुविधा

30.

यूं ही इक रात में जब नींद मुझसे दूर जा बैठी
ज़ेहन में ये ख़याल आया कि इस लम्हे में होने तक

जो लम्बी उम्र इक गुज़री, सफ़र बरसों का जो बीता
उसे मुड़कर कभी देखूं तो ये अफ़सोस होता है

है कितना जो नहीं करता तो मैं ज़्यादा सही करता
या कुछ जो कर ही लेता तो फ़साना और कुछ होता

कई ऐसे ही ग़म हैं, रंज हैं, शिक़वे शिकायत हैं
जिन्हे करते हुए मैं ख़ुद को ही समझाने लगता हूँ

तजुर्बों का अगर जो तर्जमा करने को बैठो तो
बही लिखने में आती हर समझ बेहतर ही लगती है

मगर ये ज़िंदगी है इसमें सब जुड़ता ही रहता है
सभी अच्छा-बुरा मिलकर मुकम्मल इसको करते हैं

इसे यूँ हादसों और वाक़यों में बाँट देने से
कहानी की मुसलसल रौ से हम महरूम रहते हैं

जो टकरा कर हो बहती ज़िंदगी उसको ही कहते हैं
जो टकरा कर हो बहती ज़िंदगी उसको ही कहते हैं

तर्जमा = अनुवाद; बही = हिसाब; महरूम = वंचित

31.

भले ही लोग कई आ के साथ चलते रहे
मेरा सफ़र था और उसकी कहानी मेरी

मेरे थे फ़ासले और उनके सब गिले मेरे
मेरे थे फ़ैसले और उनके सब सिले मेरे

मेरी ख़ुशी थी और उसकी हर हंसी मेरी
वो मेरा ग़म था और उसकी बेबसी मेरी

वो मेरे ज़ख्म थे और उनकी टीस मेरी थी
वो मेरे सौदों की उन्नीस-बीस मेरी थी

था मेरा इम्तिहान और सबक़ मेरे थे
मेरे ही पर थे और फ़र्श-ओ-फ़लक मेरे थे

मेरे तजुर्बे थे और उनके फ़लसफ़े मेरे
मेरी किताब और उसके सब सफ़े मेरे

डॉ. संदीप अत्रे

किसी से ना कोई शिकवा ना शिकायत मुझको
बड़ा ही साफ़ है ये इल्म-ए-हक़ीक़त मुझको

ना भुलाने, ना रुलाने, ना दिल दुखाने को
ना सताने, ना गिराने, ना कुछ मिटाने को

कभी कहानी बदलने कभी बढ़ाने को
जो आए, आए थे क़िरदार ही निभाने को

भले ही लोग कई आ के साथ चलते रहे
मेरा सफ़र था और उसकी कहानी मेरी

तर्जमा = अनुवाद; बही = हिसाब; महरूम = वंचित

32.

दिल से जब सोग-ए-उदासी का न साया जाए
ये ज़रूरी है उसे याद दिलाया जाए

आज गर देख रहा है वो ग़म के सहरा को
उसने ख़ुशियों के गुलिस्तां भी बहुत देखे हैं

आज गर देख रहा है वो पीठ अपनों की
उसने अनजान मेहरबां भी बहुत देखे हैं

अब कि जो हिज्र की रात आई है नसीब में तो
उसने वो वस्ल के शम'-साँ भी बहुत देखे हैं

इन दिनों सारे काम होते हैं जो मुश्किल से
उसने वो दौर-ए-इम्काँ भी बहुत देखे हैं

आज गर देख रहा है वो गिरती ग़ैरत को
उसने कोहसार से पैमाँ भी बहुत देखे हैं

दिल से जब सोग-ए-उदासी का न साया जाए
ये ज़रूरी है उसे याद दिलाया जाए

ख़ुद को जब दरमियाँ इक दौर के पाया जाए
ज़ीस्त का दूसरा पहलु ना भुलाया जाए
ये तज्रिबा है, फ़लसफ़ा ना बनाया जाए
ये तज्रिबा है, फ़लसफ़ा ना बनाया जाए

हिज्र = जुदाई; वस्ल = मिलन; शम'-साँ = मोमबत्ती की तरह उज्ज्वल; इम्काँ = संभावना;

कोहसार = पहाड़; पैमाँ = इक़रार; तज्रिबा = अनुभव

33.

जिसे तुम जानते हो और जो तुम से मुख़ातिब है
ये कोई और है जो चल रहा है नाम से मेरे

मेरी आवाज़ है और हू-ब-हू अंदाज़ है मेरा
मेरे माज़ी से वाक़िफ़, जानता हर राज़ है मेरा

मुझे अक्सर नज़र आता है मिलता जुलता लोगों से
या दोहराता हुआ मेरी कही कोई पुरानी बात

हां पर बेहतर है मुझसे बेचने में शख़्सियत अपनी
वहां भी जा पहुंचता है जहां जाना नहीं चाहता

सभी को लगता है मैं आ गया और मिल लिया उनसे
बहुत सी बातें कीं और रंग अपना खूब बिखराया

मगर वो मैं नहीं, मुझ जैसा इक हमशक्ल है मेरा
ये वो भी जानता है इसलिए मुझसे नहीं मिलता

34.

बड़े उस्ताद हैं हज़रत, मुझे अपना तो कहते हैं
मगर मेरी ज़रुरत में नज़र मुझ से चुराते हैं

मुझे कहते हैं मैं अच्छा हूँ, मेरा काम अच्छा है
मगर कोई अगर पूछे तो टेढ़ा मुस्कुराते हैं

मुसलसल ज़िक्र करते हैं हमेशा जिन उसूलों का
तिजारत में अमल अपनी कभी उनको न लाते हैं

बड़ी ही गर्मजोशी से मिलाते हाथ हैं जिनसे
उन्ही के पीठ पीछे राज़ सब उनके बताते हैं

क़सीदे जिन के पढ़ते हैं उन्हीं से जलते हैं अक्सर
अदावत भी सलीक़े और सोहबत से निभाते हैं

बड़े उस्ताद हैं हज़रत इन्ही सारे बहानों से
नई दुनिया में जीने के पुराने गुर सिखाते हैं

35.

मेरे जज़्बाती दिल से आजकल बनती नहीं मेरी

मैं कहता हूँ ये दुनिया वो नहीं, अब तू बदल थोड़ा
अक्ल से काम ले कुछ या सयानेपन से चल थोड़ा

चलेगा कब तलक आखिर तेरा ये टूटना जुड़ना
पिघलना और फिर दुखना, मगर फ़िर उस तरफ मुड़ना

बहुत करना यकीं, उस के लिए फिर चोट भी खाना
कभी ख़ुद को बड़ा रख के यकायक धक् से रह जाना

ये मिलना, जोड़ना, खुलना, खुशी से बाग़-बाग़ होना
ये जलना, थामना, रुकना, ये ग़म से ज़ार-ज़ार रोना

ये क्या बचकानापन है इस तरह कैसे गुज़र होगी
तेरे गिरने-संभलने में मेरी कैसे बसर होगी

बस अब काफ़ी हुआ तेरी ये फ़ितरत और तेरे जज़्बात
तुझे अब बंद करना होगी अपनी हर पुरानी बात

मेरी बातों को सुनकर दिल ज़रा कुछ सोचकर बोला
ज़रा सा अचकचाकर उसने अपने आप को खोला

मुझे बेदिल बनाकर सिर्फ तू मुश्किल में आएगा
अगर जज़्बात ना होंगे तो क्या खोएगा-पाएगा

मेरे होने से जो होता है तू नुक़सान कहता है
मेरे होने से ही तो ख़ुद को तू इंसान कहता है

ये जो तू कर रहा है, देखता है, सारा सब क्या है
अगर महसूस ना हो, ज़िंदगी का फ़िर सबब क्या है

36.

बड़ा मुश्किल है दुनिया में समझना
पराया कौन है और कौन अपना

यहां पर किस की हमदर्दी ज़ुबानी
यहां पर किस के दिल में मेहरबानी

यहां पर कौन ख़ुश है अपने ग़म से
यहां पर रब्त किसको सच में हम से

यहां पर चश्मे-बद किसकी नज़र में
यहां किस को सुकूं अपने ज़फर में

यहां पर किसकी झूठी मुस्कराहट
यहां पर कौन मिलता बिन मिलावट

यहां पर कौन जाले बुन रहा है
यहां पर कौन सच में सुन रहा है

यहां किस के इरादों में अदावत
यहां पर कौन रखता सच्ची उल्फ़त

बड़ा मुश्किल है दुनिया में समझना
पराया कौन है और कौन अपना

हाँ पेचीदा है मुश्किल, पर ब-हल है
अगर देखो तो बस इतना सा हल है

नज़र चौकस रखो, लेकिन यक़ीं में
यहां पर दोनों रहते हैं सभी में

चश्मे-बद = बुरी नज़र; ज़फर = उपलब्धि; अदावत = वैर;
उल्फ़त = प्यार

37.

कोई ये कैसे कह दे सब सही है
कि जब ये साफ़ है बिलकुल नहीं है

ये कहने और होने का फरक अब
बहुत बेचैन कर देता है मुझको

कोई कब तक भला क़ाबू में रक्खे
ज़मीर अपना जो क़ायम है अभी तक

उसे मंज़ूर अब होता नहीं है
ये कहना झूठ और फ़िर मुस्कुराना

चलन के साथ में चलने की खातिर
सभी से राज़ी होना, सिर हिलाना

अदावत की मगर क़ीमत बड़ी है
सभी कुछ दांव पर रखना पड़ेगा

वो सब जो इतने अर्से में बनाया
यूँ ही ख़ामोश रहकर, सिर हिलाकर.

38.

मैं अब जिरह नहीं करता किसी से

क्या बेमतलब है और क्या चीज़ जायज़
गलत है क्या या फिर ज़्यादा सही क्या

किसी का सच है क्या और झूठ क्या है
यहाँ पर कौन किससे आशना है

सियासत, खेल, मौसिक़ी, सिनेमा
हैं इन से मुख़्तलिफ़ अब मेरे मसले

जो मेरे इर्द गिर्द चलता है उसमें
मेरी दिलचस्पी अब थोड़ी सी कम है

मुझे अब वास्ता उस चीज़ से है
मेरे अंदर जो ये सब सोचता है

उलझने और समझने के मुतअल्लिक़
जो इस सारी क़वायद में है शामिल

मैं उसको जानने की आस में हूँ
हाँ, और इक सिलसिला उसमें निहां है

कि उसको जानने की कोशिशों में
मैं शायद खुद को ज़्यादा जान पाऊं

जिरह = बहस; आशना = क़रीब; मुख़्तलिफ़ = अलग;
मुतअल्लिक़ = बारे में; निहां = छिपा हुआ

39.

ज़िंदगी गूँज है, ये बात सच है हर तरह से

हमारा आज कल के फ़ैसलों की दास्ताँ है
और इसके फ़ैसले फ़िर आने वाला कल बुनेंगे
फ़सल कैसी रहेगी धूप-बारिश तय करेंगी
मगर वो क्या है इस के बीज तो हम ही चुनेंगे

जुनूँ हो या सुकूँ, अफ़सुर्दगी हो या मसर्रत
तवाज़ुन या तवक़्क़ो, शादमानी या मुसीबत

वस्ल या हिज्र है, है आशनाई या अदावत
कुफ़्र या ज़िक्र है, है कामयाबी या मशक़्क़त

ये सारी फ़सलें हैं, थे जिन के बीज बोए हुए
हमें हो याद या ना हो, हैं सब संजोए हुए

ज़िंदगी गूँज है, ये बात सच है हर तरह से

अफ़सुर्दगी = उदासी; मसर्रत = आनंद; तवाज़ुन = संतुलन; तवक़्क़ो = अभिलाषा; शादमानी = हर्ष;

वस्ल = मिलन; हिज्र = जुदाई; आशनाई = नज़दीकियां; अदावत = वैर; कुफ्र = धार्मिक गुनाह;

ज़िक्र = ईश्वर का नाम लेते हुए स्मरण; मशक़्क़त = कठिन परिश्रम

40.

हरेक रब्त का हासिल नहीं रिश्ता होना
किसी किसी को अधूरा ही रहना पड़ता है

अजब निज़ाम है रिश्तों का इस ज़माने में
एक एहसास को क़वा'इद भी सहना पड़ता है

पहले कुनबे ही की तस्दीक़ से गुज़रना है
फिर ज़रूरी है बिरादरी की मंज़ूरी
फिर अहम है कि हो मज़हब के मुताबिक़ सब कुछ
फिर ये है लाज़मी हो एक मुहर कानूनी
उस पे अख़्लाक़ की इस्लाह तो मुसलसल है
और ईमान पे जंचने की भी है मजबूरी

इन सभी से गुज़रना है हरेक रब्त का नसीब
जिसमें दो लोगों को आखिर में समझ आता है

एक रिश्ते के लिए काफी नहीं सिर्फ जज़्बात
वो रिवाज और रिवायत से दर्जा पाता है
हरेक रब्त का हासिल नहीं रिश्ता होना.

रब्त = जुड़ाव; निज़ाम = क़ाएदे; क़वा'इद = प्रक्रिया; तस्दीक़ = पुष्टि;

लाज़मी = ज़रुरी; अख़्लाक़ = सदाचार; इस्लाह = शुद्धि; मुसलसल = लगातार

41.

ये कैसी बेहतरी है और कैसी कामयाबी है
नया पाया, मगर जो पास पहले था उसे खोकर

हुई मक़बूलियत हासिल तो अपने आम होने का
जो फक्कड़पन था उसको खो दिया अनजान हाथों में
बिसात आई तो उसके साथ अपने जैसे होने का
जो सादापन था उसको खो दिया लोगों की बातों में

है अब दौलत तो काफ़ी पास पर उस को कमाने में
सुकूं क़िरदार में जो था वो अब ढूंढें नहीं मिलता
मिला रूतबा मगर वो गुफ़्तगू में साथ अपनों का
ठहाके, दिल्लगी मस्ती वो सब ढूंढें नहीं मिलता

बहुत सा इल्म भी आया मगर अपने तसव्वुर की
वो सारी ताज़गी शोख़ी किताबों में कहीं खो दी
बहुत पहचान है मेरी मगर मेरी असल सूरत
वो अपने बारहा ओढ़े नक़ाबों में कहीं खो दी

ये कैसी बेहतरी है और कैसी कामयाबी है
नया पाया, मगर जो पास पहले था उसे खो कर

ये तब ही बेहतरी है और तब ही कामयाबी है
नया पाओ, मगर जो पास पहले था उसे रख कर

42.

मेरी मासूमियत-ए-दिल अब तुझे जाना होगा
इस नए दौर में अब तेरी गुज़र मुश्किल है
अब न वो रब्त, न एहसास, न वो सादापन
ऐसे माहौल में अब तेरी बसर मुश्किल है

अब जो दिखता है वो होता है ये नहीं होता
अब हरेक बात में पोशीदा है और बात कोई
अब तो हर गुफ़्तगू में पिन्हा कई पेच-ओ-ख़म
अब तो इज़हार भी करता नहीं जज़्बात कोई

अब तो हर यार में अय्यार कोई बैठा है
अब तो मुमकिन ही नहीं फर्क अपनों-गैरों का
अब तो हसरत को है अख़्लाक़ पे तरजीह यहां
अब तो चादर को भी अंदाज़ नहीं पैरों का

डॉ. संदीप अत्रे

अब हर ख़्याल को लफ़्ज़ों की सहूलत है यहां
सही-गलत के तराज़ू पे उसे तोले बिना
अब तो हर शख़्स यहां बोलने में है मसरुफ़
अब यहां कौन है जो दिल की सुने बोले बिना

अब तो मिलने में गर्मजोशी नहीं पहले सी
अब तो हंसने में कहीं लोग खुशी भूल गए
अब ये कोशिश है करें कैसे इस्तेमाल किसे
सब हिसाब आता है बस दिल की बही भूल गए

मुझको भी रंग नया खुद पे चढ़ाना होगा
इस नए खेल के लायक तो बनाना होगा
बदले बरताव की मजलिस में समाना होगा
अब तो बा-अक्ल सयानों से निभाना होगा

मेरी मासूमियत-ए-दिल अब तुझे जाना होगा.

पोशीदा = छिपा या छिपाया हुआ; पिन्हा = गुप्त; पेच-ओ-ख़म = जटिलता;

अय्यार = बहरुपिया; मजलिस = महफ़िल

43.

मुझको त'अज्जुब है कि मैं सब्र कहाँ छोड़ आया

आजकल बात को सुनता नहीं तवज्जोह से
अपनी बारी का इंतज़ार करता रहता हूँ

या है पहले की कोई बात ज़ेहन में चलती
या किसी सोच का आकार करता रहता हूँ

किसी भी बात पे बेबात पे हूँ चिढ़ जाता
या बे-फज़ूल ही तक़रार करता रहता हूँ

मुझको ताज्जुब है कि मैं सब्र कहाँ छोड़ आया.

44.

किसी को क्या कहे कोई

किसी को क्या कहे कोई, कि कहने और सुनने में
जो होता फ़र्क़ है अक्सर, बड़ा मायूस करता है

समझने और समझाने की इस सारी क़वा'इद में
जो आता बोझ है दिल पर, बड़ा मायूस करता है

वो उसका मेरी बातों को यूँ ही चुप रह के सुन लेना
मगर ना देखना मुड़कर, बड़ा मायूस करता है

जो मैं महसूस करता था, हुआ महसूस क्या उसको
इसी पर सोचना शब भर, बड़ा मायूस करता है

मेरे बोले का क्या होगा असर, क्या सिलसिला होगा
हमेशा बाद का ये डर, बड़ा मायूस करता है

किसी को क्या कहे कोई.

45.

कितना कमज़ोर है अपना यक़ीन अपने पर
ज़रा सवाल उठे और दरकने लगता है
अपना खुद से भी है रिश्ता भला बेशर्त कहां
जो बदले रोशनी साया सरकने लगता है

कामयाबी हमारे ऐब छुपा देती है
तो जब भी हारो खुद से मिलने का मौक़ा समझो
ये देखो जो हुआ उसमें कहां पे भूल हुई
किसी ने क्या कहा उसमें न बेवजह उलझो

किसी के शक-शुब्हा से ठेस पहुंचे जायज़ है
मगर ये क्या ज़ेहन में गूंजती आवाज़ रहे
भले ही मंज़िलों में फेरबदल होता रहे
ज़रूरी है तुम्हे अपने सफ़र पे नाज़ रहे

पलट के देख लो तारीख़ है गवाह इसकी
हमेशा इल्म को तोहमत से जंचना पड़ता है
वो जिन के काम की तारीख़ गवाह रहनी है
उन्हें तारीफ़ की आदत से बचना पड़ता है.

46.

दर्द होता है अगर ज़ख्म भी रहा होगा
कुछ तो है जो दिल-ए-हस्सास ने सहा होगा

है कोई चीख़ जो हलक तलक नहीं पहुँची
या इक ख़याल जो कभी नहीं कहा होगा

कोई एहसास जो दिल में दबा के रक्खा है
या एक झूठ अब जो सच की ही तरह होगा

है कोई रंज जिसकी फांस अब भी चुभती है
या कोई अश्क़ जो ना आँख से बहा होगा

है कोई राज़ जो खुद से छुपा के रक्खा है
या कोई जुर्म जो कि राज़ की जगह होगा

ज़ेहन की हर परत में वजहें दफ़्न रहती हैं
कभी जो होगा वो कभी ना बेवजह होगा

हस्सास = संवेदनशील

47.

ख़्वाब देखे तो हक़ीक़त का ऐसा हश्र हुआ
कि इंतिख़ाब की हिम्मत भी कहीं जाती रही

जो यक़ीं टूटा तो अफ़सोस कि कुछ यूँ टूटा
यक़ीन करने की ताक़त भी कहीं जाती रही

उसके जाने के बाद कुछ भी नहीं चौंकाता
गई उम्मीद तो हैरत भी कहीं जाती रही

जो बदले शौक़ बदलने लगा मिज़ाज अपना
छोड़ा लिखना, तो नज़ाकत भी कहीं जाती रही.

48.

क़ामयाबी से हुई जब से है क़ुरबत मेरी
मेरी मसरुफ़ियत ने छीन ली फ़ुर्सत मेरी

पहले लम्हे से ही दिन पूरा जमा रहता है
जैसे देना हो किसी को मुझे हर पल का हिसाब
अब तो दो पल को नहीं है मेरी मोहलत मेरी
मेरी मसरुफ़ियत ने छीन ली फुर्सत मेरी

अब तो घेरे हुए रहते हैं कई लोग मुझे
ऐसा लगता है सभी को है यहां हक़ मुझ पर
मेरे अपनों को ही मिलती नहीं सोहबत मेरी
मेरी मसरुफ़ियत ने छीन ली फुर्सत मेरी

कितना अर्सा हुआ मैं चैन से बैठा ही नहीं
बस यूँ ही दौड़ता रहता हूँ अगली मंज़िल पर
मेरे आते ही हुआ करती है रुख़्सत मेरी
मेरी मसरुफ़ियत ने छीन ली फुर्सत मेरी

49.

सही जवाब ढूंढने की हर क़वायद में
सही सवाल पूछना बहुत ज़रूरी है
है इस सवाल के होने के पीछे क्या वजह
यही सवाल पूछना बहुत ज़रूरी है

अगर है करना तुम्हे काम यहां कुछ ऐसा
जिसे सारा जहान लाजवाब कहता हो
तो इक सवाल जो अक्सर नहीं पूछा जाता
वही सवाल पूछना बहुत ज़रूरी है.

50.

कौन आया था मेरे पास जब मैं तन्हा था
उखड़ती सांस में आवाज़ दी थी जब मैंने

थकन में चूर टूटते बदन से चलते हुए
मैं लड़खड़ा के जब गिरा था कौन आया था

कौन आया था जब मैं खो के अपने सपने को
हरेक रात जागता था ख़ुश्क आँखों से

वो झेलता हुआ हालात के थपेड़े मैं
जब सिहर के बैठता था कौन आया था

कौन आया था जब बिखर के फ़िर से जुड़ते हुए
मैं फ़िर बिखर के अपने टुकड़े फ़िर उठाता था

वो जब बना रहा था ज़िंदगी को मैं फिर से
मैं जब भी हौसला खोता था कौन आया था

ये सब जो आज मेरे आस-पास दिखते हैं
ये अब हैं क्योंकि ज़रुरत नहीं है अब मुझको

51.

इतनी तफ़सील से करता है जुर्म की बातें
गौर से देख कहीं तू ही ना क़ातिल निकले
और ये जो सुना करता है लुत्फ़ लेते हुए
मुझ को शक है कि कहीं ये भी ना शामिल निकले

तुझको तक़लीफ़ है मनहूसियत सी है घर में
एक बेचैन सा सन्नाटा पसरा रहता है
घर की बुनियाद में जा देख कहीं यूँ ना हो
कब्र में कोई धड़कता हुआ सा दिल निकले

आदमी है बड़ा चालाक ज़हन में अपने
ख़ुद को बोले बिना क़िरदार उलट देता है
जितनी नफ़रत से पेश आता है हमेशा सबसे
उतनी नफ़रत के कहीं तू ही ना काबिल निकले.

52.

आओ कह दें दिलों की बातें हम
ये बातें दिल में ना रह जाएं कहीं
अगर निकल ना पाईं ये बाहर
ये दिल को बेक़रार रक्खेंगीं

अगर हों दर्द से मुतअल्लिक़ तो
ये आखें आबशार रक्खेंगीं

अगर हो रंज से कोई रिश्ता
ज़हन को सोगवार रक्खेंगीं

अगर छुपा हो इन में शिक़वा तो
ज़ुबां को हद से पार रक्खेंगीं

अगर दबी हो इन में ख़्वाहिश तो
ये जीना नागवार रक्खेंगीं

अगर हो कोई आह इन में तो
कलम को ग़म-गुसार रक्खेंगीं

अगर हो कोई चाह इन में तो
सुख़न पे इख़्तियार रक्खेंगीं

आओ कह दें दिलों की बातें हम
ये बातें दिल में ना रह जाएं कहीं.

मुतअल्लिक़ = बारे में; आबशार = झरना; सोगवार = शोक संतप्त;

नागवार = अप्रिय; ग़म-गुसार = सहानुभूति प्रकट करने वाला; सुख़न = क़लाम (शायरी)

53.

मैं तेरे साथ नहीं था ये रंज वाजिब है
ये ज़रूरी था कि तू खुद ही संभलना सीखे
मैंने छोड़ा था तेरा हाथ इसी वजह से
तू किसी राह पे तन्हा भी तो चलना सीखे

मुझको मालूम है तुझको है शिक़ायत मुझसे
मैंने गैरों की तरह हाथ उठाया सर से
मैंने साया भी हटाया था इसी मक़सद से
कि तू थोड़ा ही सही धूप में जलना सीखे.

54.

तुम्हारे और मेरे बीच में अब कुछ नहीं लेकिन
मुझे तुम पे या तुमको मुझ पे कोई हक़ नहीं लेकिन

वो जो इक राब्ता हम में रहा था उसकी ही ख़ातिर
वो जो इक साथ में अर्सा जिया था उसकी ही ख़ातिर

है इक दरख़्वास्त जो एहसास से आकर रुकी लब पे
कभी टकरा गए गर इत्तफ़ाक़न सामने सबके

भले ही अपनी मौजूदा वफ़ा रुसवा नहीं करना
मुझे तुम देख पूरी तरह अनदेखा नहीं करना

ज़रा सा मुस्कुरा देना, कोई पूछे तो कह देना
नहीं याद आ रहा है नाम, पर वाक़िफ़ सा चेहरा था.

55.

बहुत सी कोशिशें कीं वो दफा दिल से नहीं होता
मुझे हैरत है क्यों मैं बेवफ़ा दिल से नहीं होता

ज़ेहन कहता है जो छूटा है छोड़ो, और बढ़ो आगे
न जाने क्यों अमल ये फ़लसफ़ा दिल से नहीं होता

हुआ सब ख़त्म ये कहते हुए रोइ थीं वो आँखें
मुझे शक़ है कि इक़रारे-जफ़ा दिल से नहीं होता

मुझे लगता है मैं कहता तो शायद रुक भी जाता वो
कोई जितना कहे उतना ख़फ़ा दिल से नहीं होता.

56.

ये सारे लोग जो कहते हैं जानते हैं मुझे
ये पांच फ़ीसदी भी हैं नहीं वाक़िफ़ मुझसे

मेरे लिबास के भीतर जो शख़्स है, उसको
समझने के लिए जो वक़्त लगने वाला है

वो किसके पास है या कौन देना चाहता है

किसी को शौक है मसलों पे बात करने का
किसी को अपने फ़लसफ़ों से ही नहीं फ़ुर्सत

किसी को कोई लतीफ़ा नया सुनाना है
किसी को अपने ही अशआर की बड़ी लज़्ज़त

किसी को मुल्क़ के हालात की वजह मालूम
किसी की अपनी कहानी कि कैसे दिल टूटा

किसी को अपने इल्म का मुज़ाहिरा है अज़ीज़
किसी के अपने फ़साने कि पीछे क्या छूटा

ये मुझ से बोलते भी हैं जो बोलने के लिए
हैं करते रहते इंतज़ार अपनी बारी का

ये या तो पहले ही से जानते हैं सब या फ़िर
है सुनना मौका अगली बात की तैयारी का

यहां हर आदमी मसरुफ़ अपनी कहने में
किसे है वक़्त एक रब्त की बुनियाद बुने

है इन में कौन जिसमें इत्मिनान हो इतना
कभी खामोश रहे, मेरी खामोशी को सुने

ये सारे लोग जो कहते हैं जानते हैं मुझे
ये पांच फ़ीसदी भी हैं नहीं वाक़िफ़ मुझसे

57.

ऐ ज़िंदगी तुझे मुमकिन तरह से जीने में
मैं क्या कहूं मुझे क्या क्या नहीं करना पड़ता

इतनी शर्तों के बीच रहने की खातिर मुझको
कितनी पेचीदा क़वा'इद लगानी पड़ती है

अपने अलफ़ाज़ को चुन चुन के कहना होता है
अपने जज़्बात पर भी ज़द लगानी पड़ती है

किसी भी सच को मैं पूरा कभी नहीं कहता
हो कितना झूठ इसकी हद लगानी पड़ती है

ऐ ज़िंदगी तुझे मुमकिन तरह से जीने में
मैं क्या कहूं मुझे क्या क्या नहीं करना पड़ता

ना दिल मिले हों तो भी साथ रखना पड़ता है
ये दिख ना जाए एहतियात रखना पड़ता है

अदब के साथ अदावत दिखानी पड़ती है
'अदू के शानों पर भी हाथ रखना पड़ता है

समझ में लब कभी खामोश रखना पड़ते हैं
या मुरव्वत में कोई बात रखना पड़ता है

ऐ ज़िंदगी तुझे मुमकिन तरह से जीने में
मैं क्या कहूं मुझे क्या क्या नहीं करना पड़ता

क़वा'इद = प्रक्रिया; ज़द = आघात; अदावत = वैर; 'अदू = विरोधी; मुरव्वत = लिहाज़

रिवायती कलाम

1.

लमहे सपने सांसे यादें,
आते जाते मेहमां सारे
अपनी अपनी मुद्दत सबकी,
कौन किसे है रोक सका रे.

जो खोया था कब अपना था
जो पाया है कब अपना है
किस से जोड़ें नाता अपना
सब बहती नदिया के धारे.

ग़म-ख़ुशियों के जो फेरे हैं
मौसम हैं ये कब ठहरे हैं
कल फ़िर से सूरज डूबेगा
कल फ़िर से चमकेंगे तारे

कल का जितना सुख होता है
मुड़ के देखो, दुख होता है
वरना फ़िर क्यों ऐसा होता
यादें मीठी, आंसू खारे.

2.

रख गया रात ज़रा याद सरहाने कोई
आ गया ऐसे बहाने से सताने कोई

एक रिश्ते में हुई मौत इश्क़ की यारों
जाओ चनाब तलक फ़ूल सिराने कोई

तेरे ग़म कैसे मैं अश्क़ों के हवाले कर दूँ
डरता हूँ देख ना ले मेरे ख़ज़ाने कोई

मेरे कहने पे मुझे छोड़ गए सब तन्हा
क़ाश इक बार मेरी बात ना माने कोई

3.

कल का जो रुख़ बदल रहा होगा
आप का गुज़रा कल रहा होगा.

वक़्त जो साथ सारी उम्र रहा
उम्र में एक पल रहा होगा

कौन गिरते को हाथ देता है
हो न हो वो संभल रहा होगा.

सुनते हैं शाइर हो गया है वो
अक्ल में कुछ ख़लल रहा होगा.

4.

रेत पर नाम लिख के बारहा मिटाया है
कुछ ऐसे बाद तेरे उम्र को बिताया है

है फ़लसफ़े की बात आज ज़रा कुछ ज़्यादा
ज़रुर आज कोई दोस्त आज़माया है

तेरे हाथों की हिना कितनी सुर्ख़ निकली है
क़त्ल के बाद मेरा इश्क़ रंग लाया है

लब पे का'बा का ज़िक्र, आँख में तेरी गलियां
बात किसकी थी चली, कौन याद आया है.

5.

उसने कहा भूल जाओ
भूल जाओ कि हम राह में मिले थे कभी
और ये भी कि हमने कोई रिश्ता बुना था
उसने कहा भूल जाओ

उसने कहा फ़ाड़ दो वो ख़त जिसके आखिर में
नाम की जगह अश्क़ का इक हल्का निशां था
और वो वाला ख़त भी जिसको पढ़ते-पढ़ते
तुम्हारी आंखों से थोड़ा दर्द पिघल कर गिरा था
उसने कहा भूल जाओ

उसने कहा भूल जाओ वो शिक़वे, गिले, वो शिक़ायतें
जो तुम्हारे देर से आने पे कभी मैंने की थीं
और भुला दो वो तौबा, वो वादे, वो कसमें
जो मेरे रुठ जाने पे कभी तुमने ली थीं
उसने कहा भूल जाओ

डॉ. संदीप अत्रे

उसने कहा तोड़ दो वो डोरी जो मंदिर के पीपल पर
हमने बांधी थी कई ख़्वाब आखों में ले कर
और बहा दो वो पत्थर जिसपे हमने इक दिन
दो नाम लिखे थे इक दिल के अंदर
उसने कहा भूल जाओ

उसने कहा भूल जाओ वो लम्हे जो साथ गुज़रे थे
वो खुशी वो ग़म जो हमने साथ बांटे थे
वो यादें जो हर शय से अज़ीज़ हैं हमको
वो बातें जो हम घंटों करते जाते थे
उसने कहा भूल जाओ

मैंने पूछा "फ़िर कभी राह में टकरा गए तो?"
उसने कहा "क़तरा के गुज़र जाएंगे".

मैं मुड़ा और फ़िर चलने लगा
कुछ कदम चल कर जाने क्यों रुक गया.

मैं रुका तो पाया, वो अभी भी वहीं खड़ी थी
मुझको खुद से दूर जाता देख रही थी.

मैं पलट कर उससे जुदा होने लगा
उसने कह दिया और मैंने सुन लिया

पर मैं जानता था वो सारी उम्र मेरे ज़ेहन में रहेगी

और वो भी जानती थी कि मैं सारी उम्र उसके ज़ेहन में रहूंगा

फ़िर भी उसने कहा "भूल जाओ"

सच है... कई बार शब्द अपने मायने खो देते हैं.

6.

और हम अलग हो गए.
जानता हूं अब कोई फ़ायदा नहीं तक़रीरों का
समझने-समझाने की गुंजाइश भी नहीं बची

पर एक सवाल ज़हन में चुभ रहा है मेरे
कि क्या एक दस्तख़त से कोई रिश्ता दफ़न हो जाता है?
क्या एक मुहर बरसों का रब्त भुला देती है?
क्या ऐसा इंसान जो उस रिश्ते का हिस्सा ही न था,
ख़ुदा हो उसकी तक़दीर का फैसला कर देता है?

क्या तुम भूल पाओगी वो खट्टे-मीठे पल?
और यादें? उनकी तो कोई सरहद नहीं होती
ख़याल? उनका तो कोई वक़्त कोई जगह मुक़र्रर नहीं होती

बात जज़्बात की

तुम निशानियां जला दो, तस्वीरों के टुकड़े कर दो, ख़तों के पुर्ज़े कर दो,

पर साथ के वो लम्हे जो वक़्त की चादर पर टंके हैं,

उन्हें उकेलने जो जाओगी, गिरहें तो नहीं खुलेंगी, हाँ, कुछ तागे और उलझ जाएंगे.

पता है! इस अर्से में आदत सी पड़ गई थी 'तुम्हारी',

तुम्हारे नाम के साथ अपनी पहचान सुनने की.

आज के बाद तुम्हारा नाम अधूरा सा लगेगा,

तुम्हारा तो सिर्फ़ नाम अधूरा सा लगेगा,

पर मेरी तो पहचान अधूरी रह जाएगी.

तुम्हारी गलतियां नहीं थीं, मेरी भी कोई ख़ता नहीं थीं

हालात ही मुनासिब नहीं थे, मौसम ही कुछ बदल गए थे.

हो सकता है कल तुम कोई नया मरासिम बुन लो

और शायद मैं भी किसी और का हाथ थाम लूं

पर एक सच तो फ़ना नहीं हो सकता कि

जो भी आएगा तुम्हारे बाद आएगा

और जानती हो ना!

पहली तनख़्वाह हो, पहला प्यार, या कि पहला रिश्ता,

कितना भी वक़्त गुज़र जाए पहला ही रहता है

और फ़िर ज़िंदगी कोई स्लेट तो नहीं कि

एक तहरीर मिटा कर दूसरी इबारत लिख दी

ज़िंदगी तो एक किताब की तरह है, एक सफ़्हा फाड़ोगी

तो उसी से जुड़ा, तहों में दबा, कोई और सफ़्हा भी
निकल आएगा

तुम्हे मालूम भी नहीं पड़ेगा और बहुत कुछ खो जाएगा.

इसलिए आओ पूछ लें इक आख़िरी बार ख़ुद से

कि क्या इस रिश्ते को एक और मौके की

अहमियत भी नहीं दी जा सकती थी?

क्या...एक और कोशिश नहीं की जा सकती थी?

क्या एक और कोशिश नहीं की जा सकती थी?

7.

लफ़्ज़ों में ज़िंदगी का मतलब तलाशता हूँ
अहमक हूं हवाओं का मज़हब तलाशता हूँ

जिसके असर से रोशन है क़ायनात सारी
मैं चार दीवारों में वो रब तलाशता हूँ

ना रुह ज़िंदा रक्खी, ना दिल जिलाए रक्खा
और फ़िर मैं अपने होने का सबब तलाशता हूँ

वो दौर ही अलग था, रिश्ते ही दूसरे थे
मैं वो ही रब्त उनमें क्यों अब तलाशता हूँ

ओहदे न हों जहां पर, इन्सां की अहमियत हो
दुनिया में एक ऐसा मनसब तलाशता हूँ

8.

दो जहां के ग़म रहे, एक तन्हा दिल रहा
उम्र भर रिश्ते बुने, बस यही हासिल रहा

यूँ तो सब अपने थे पर, जब फ़िसल कर मैं गिरा
तब ठहाकों में मगर, हर कोई शामिल रहा

इक मुहब्बत कर के हम, उम्र भर रुसवा रहे
भूल तो आसां रही, भूलना मुश्किल रहा

इससे बेहतर मौत क्या, मांगता मैं दोस्तों
जो मसीहा था मेरा, वो मेरा क़ातिल रहा

9.

इक अधूरा सा रिश्ता रहा
क्या पता कौन किसका रहा
साथ होने के वादे किए
ग़ैर के साथ फ़िर चल दिए
दिल में उठता है इक ही सवाल
हम मिले किसलिए?

क्या ज़रुरत थी उस बात की
बेसबब सी मुलाक़ात की
किसलिए मुस्कुराए थे तुम
क्यों मेरे पास आए थे तुम
उम्र भर ग़र था रहना जुदा
साथ क्यों इतने लम्हे जिए
दिल में उठता है इक ही सवाल
हम मिले किसलिए?

फ़िर वो जज़्बात जुड़ने लगे
हाथ से हाथ जुड़ने लगे
ख़्वाब दिल में बसाने लगे
हम क्यों नज़दीक आने लगे
तुम तो दामन छुड़ा कर गए
अश्क़ हमने लहू के पिए
दिल में उठता है इक ही सवाल
हम मिले किसलिए?

10.

सब हमराही, सब हमसाये
सारे गुमां हैं, सोचने भर के
सच तो ये है, सब तन्हा हैं
सारे अपने-अपने सफ़र के.

अच्छा-बुरा, सच्चा-झूठा
या फ़िर अपना-बेगाना
आखों की तासीर पे सब है
सारे नज़रिये एक नज़र के

एक बहा आंसू बन कर
एक रिसा दिल के भीतर
फ़र्क़ ज़ुबां में होगा फ़िर भी
दोनों ग़म हैं एक असर के.

जब तक सांसें चलती हैं
तब तक सारे नाते हैं
एक दफ़ा ये थम जाएं फ़िर
आपका क्या है, आप किधर के.

कोई जाए दुनिया अपनी
रौ में बहती रहती है
सबसे जुड़ के चलती है पर
किससे नाते राहगुज़र के

11.

यूं क़ज़ा ना क़तरा क़तरा दो हमें
जीने की ऐसी सज़ा ना दो हमें

सारा दिन हम काम करते हैं वही
वो जिसे करने को दिल करता नहीं
खुश रहें कैसे ये बतला दो हमें

वक़्त के संग फ़र्क़ हम लाते नहीं
और किसी को ज़ख्म दे पाते नहीं
कुछ अदब जीने के सिखला दो हमें

माना अब मिलती नहीं दो गज़ ज़मीं
लेकिन इसका ये कोई मतलब नहीं
जिस्म में अपने ही दफ़ना दो हमें

12.

तन्हा रहने वाले के संग यूं अक्सर हो जाता है
दीवारों की सोहबत में वो ख़ुद पत्थर हो जाता है

तुम जाते हो तो ये कमरे एक इमारत होते हैं
तुम आते हो तो ये मंज़र फ़िर से घर हो जाता है

तुम होते हो दूर तो घड़ियां लंबी सदियां लगती हैं
तुम होते हो पास तो 'अर्सा लम्हा-भर हो जाता है

दुनिया लाख क़सीदे पढ़ ले फ़र्क नहीं पड़ता मुझको
तुम जो कह दो, नाज़ मुझे फ़िर अपने पर हो जाता है

13.

सारा दिन जो पाक़ उसूलों की ही बातें करते हैं
घर जाते हैं, बंद कमरों में आइनों से डरते हैं

रोज़ अपने हालात के ऊपर हम को तोला जाता है
दुनिया के बाज़ार में हम भी चढ़ते और उतरते हैं

जो आता है, आ कर दिल को ठेस लगा के जाता है
जितने रिश्ते जुड़ते हैं, हम उतनी बार बिखरते हैं

उन लोगों को एक क़ज़ा का ख़ौफ़ कहां से आएगा
रोज़ न जाने कितनी दफ़ा जो कितनी मौतें मरते हैं

14.

पलकों पे सावन रक्खे हैं, आखें ख़ाली हैं
देख ले हमने यादें तेरी ख़ूब संभाली हैं

तूने तो अपनी सब चीज़ें वापस मांगी थीं
तेरी खुशबू, आहटें तेरी, हमने बचा ली हैं

जब फ़ुर्सत हो, चाँद से सारे शिक़वे सुन लेना
तेरे पीछे उससे सब बातें कह डाली हैं

आ इक रोज़ तू आ कर मेरी आखों को पढ़ जा
ये तो बस वो बातें हैं जो कहने वाली हैं

15.

ज़िंदगी कोई रुमानी से ख़यालात नहीं
आज़मा लीजे, मेरी बात सिर्फ़ बात नहीं

दोस्ती, रिश्ते, मुहब्बत ये तुम्हे क्या देंगे
भूख रोटी ही मिटा सकती है, जज़्बात नहीं

अब मैं समझा मेरे रिश्तों के बदलने की वजह
मैं वही हूं, मगर अब वो मेरे हालात नहीं

ज़िंदगी अपने मुताबिक़ ही मुझे जीने दो
अपना हक़ मांग रहा हूं, कोई ख़ैरात नहीं

16.

गया है शख़्स वो क्या ऐसा कह के
फिरा करते हो तुम यूं महके-महके

नहीं मोहताज कुछ जज़्बे ज़ुबां के
कहे जाते हैं वो ख़ामोश रह के

न जाने उनकी आखों से गिरा क्या
मेरे दामन में कुछ माहताब दहके

जो कल वो राह में बेपरदा निकले
तो वाइज़ झुक गए और रिंद बहके

वाइज़ = धर्मोपदेशक; रिंद = शराबी

17.

तुमको खोया है तो पाने को बचा क्या
तुम नहीं तो फ़िर ज़माने में रहा क्या

जो ग़िला दे शख़्स वो अपना नहीं है
और जो अपना नहीं उससे ग़िला क्या

है अगर चाहत तो फ़िर होगी कसक भी
और कसक ना हो तो चाहत का मज़ा क्या

आपका इल्ज़ाम था और आप मुंसिफ
मैं अगरचे बोलता तो बोलता क्या

आइनों के अपने क़द होते हैं यारों
क़द मैं अपना आइनों में देखता क्या

18.

कौन भला किसका ग़म बांटे, सबका अपना ग़म
सहना पड़ता है हर एक को तन्हा उसका ग़म

ए रब तेरे हाथों की ये नाइंसाफ़ी है
इसको इतनी खुशियां दे दीं, उसको इतना ग़म

आता है तो इतना कि घर ही बह जाते हैं
और फ़िर जाता है आखों से क़तरा-क़तरा ग़म

बरसे जब भूली यादों की सूखी मिट्टी पर
महका जाए सांसों को ये सोंधा-सौंधा ग़म

19.

तन्हा सी रही ज़िंदगी, नाकाम रहे हम
कुछ दोस्त मेहरबां रहे, कुछ आपके करम

अपने तो साथ छोड़ के कब के चले गए
अब साथ रहा करते हैं रुसवाई रंजो-ग़म

सुकूं रहा ख़िज़ाँ में, तबीयत जो मिल गई
कमबख़्त इस बहार ने ढाए बहुत सितम

जज़्बात, वफ़ा, दोस्ती, ये सब भरम सही
ख़ुद टूट के बिखर गए, तोड़े नहीं भरम

20.

इन आखों का है ये सपना जब लौटूं अपने घर पर
कोई हो जो पास आए और हाथ रखे तपते सर पर

जो पूछे दिन कैसा गुज़रा, क्यों हो इतने मुरझाए
जो मेरे हाथों को थामे, मेरा माथा सहलाए

मुझसे बोले "मत घबराओ, जो होगा अच्छा होगा"
तुमने जो भी देखा है वो हर सपना सच्चा होगा

चंद सितारे कब तक अपनी उम्मीदों से खेलेंगे
और मैं हूँ ना साथ तुम्हारे, मिल के हर दुख झेलेंगे

तुम सारे ग़म मुझको दे दो, कह दो हर मुश्किल अपनी
मुझको यक़ीं है इक दिन तुम भी पाओगे मंज़िल अपनी

मैं अपनी हर मुश्किल भूलूं फिर से ज़िंदा हो जाऊं
उसके पहलू में सर रक्खूं और सुकूं से सो जाऊं

आज जो है वो सिर्फ मकां है, घर की कोई बात नहीं
तपते सर को जो सहलाए ऐसा कोई हाथ नहीं.

21.

दिल-ए-हस्सास से एहसास जुदा कर बैठे
बड़े नादां हैं, नहीं जानते क्या कर बैठे

हम तो ताउम्र एक नज़र के लिए तरसे हैं
आप पलकों के झपकने का गिला कर बैठे

अक्ल का काम क्या, ये तो जुनूं की बातें हैं
कैसे इक शख़्स को हम अपना ख़ुदा कर बैठे

आप ने भूल के इक रस्म ही निभाई है
इक हमीं याद में रखने की ख़ता कर बैठे

हस्सास = संवेदनशील

22.

मरने पे ही दिखती है इंसां में मसीहाई
हर सम्त तमाशे को लिखते हैं तमाशाई

वो ढूंढने चले हैं पैकर-ए-खुदा को
जो थाम नहीं पाए खुद अपनी ही परछाई

करता हूँ रोज़ फ़ाक़ा सुनता हूं रोज़ ताने
कुछ पाक़ उसूलों पे चलने की सज़ा पाई

मैं गिन लूं कितने आंसू गिरे हैं बाद मेरे
फ़िर मुझसे पूछियेगा मेरी उम्र की कमाई

पैकर = आकृति

23.

वो गया और साथ अपने मेरी हस्ती ले गया
एक घर ख़ाली हुआ और सारी बस्ती ले गया

ज़िंदगी उसके लिए वैसे भी महंगी थी ज़रा
की ज़रा तक़रार और फ़िर मौत सस्ती ले गया

उसने जब बांटे थे रस्ते खुद को पाने के लिए
एक ने साया चुना इक बुतपरस्ती ले गया

जाने कैसा साल था बस इक बरस के दरमियाँ
सारी हिकमत दे गया और सारी मस्ती ले गया

हिकमत = बुद्धि

24.

यूं तुम्हें ना भूल पाने की वजह कोई नहीं
दिल से बेहतर दर्द रखने की जगह कोई नहीं

इक किसी माहताब का भी नाम सुनते हैं बहुत
वो हसीं होगा मगर तेरी तरह कोई नहीं

अपने मज़हब अपने मतलब पर बहुत तक़रीर है
पर दिलों को एक रखने पर जिरह कोई नहीं

ज़िंदगी कुछ इस तरह गुज़री है ए मेरे हबीब
एक लंबी रात है जिसकी सुबह कोई नहीं

25.

हादसे को याद करना हादसे से कम नहीं
आगे बढ़ जाने से अच्छा और कोई मरहम नहीं

झूठ कहते हो या फ़िर जज़्बात ये कुछ और हैं
मैं यक़ीं कैसे करुँ कि इश्क़ है और ग़म नहीं

दोनों आवारा हैं, इनका वक़्त क्या मुद्दत कहां
याद की सरहद नहीं और दर्द का मौसम नहीं

इक ख़ुदाई आपकी और इक हमारा हौसला
फ़ैसले का वक़्त है, या तुम नहीं, या हम नहीं

26.

बड़ी मासूमियत से हमको सज़ा देते हैं
हो रहे हैं जुदा, जीने की दुआ देते हैं

हम तो अर्से से चंद लम्हे सहेजे बैठे हैं
लोग लम्हों में ही बरसों को भुला देते हैं

मुश्किलें आएं तो रस्ते न बदलना यारों
ख़ार नज़दीकी-ए-गुलशन का पता देते हैं

अपने बच्चों को उनके फ़लसफ़े बनाने दें
हम क्यों बचपन में ही हर बात सिखा देते हैं

27.

मेरे ग़ुनाहों का जो सिला, बनता था वो मुझको मिला
अब ग़म नहीं, मंज़ूर है, मुंसिफ़ का है जो फ़ैसला

जो ज़ख्म मैं देता रहा, किस्मत ने वो मुझको दिए
चलो ख़त्म तो होना ही था जा कर कहीं ये सिलसिला

औरों के घर को फूंक कर, ख़ुश था बड़ा मैं बेख़बर
फ़िर जब हवा बदली थी रुख़, मेरा भी घर उसमें जला

है ज़िंदगी का क़ायदा, जैसा दिया वैसा मिला
मेरी ख़ता, मेरी सज़ा, इल्ज़ाम दूं किसको भला

28.

ये नक़्शे और मंसूबे दीवारो-दर बनाते हैं
वहां रहते हुए लोगों के रिश्ते घर बनाते हैं

कहीं पत्थर, कहीं बुत है, तो कहीं पीर-पैगंबर
ख़ुदा एहसास है, नादान क्यों पैकर बनाते हैं

ये बारिश के किए दीवार पर शक्लें उभरती हैं
नज़र हम को और हम दिल को यूं अक्सर बनाते हैं.

यहां पर ज़िंदगी भी मौत के साये में जीती है
कफ़न फेंके हुए तक काट कर चादर बनाते हैं

ये कैसा दौर है गुड़िया-पतंगें अब नहीं बिकतीं
खिलौने वाले भी बन्दूक और खंजर बनाते हैं.

29.

रोज़ क़तरों में मरा करते हैं
रोज़ टुकड़ों में जिया करते हैं
उस पे जतलाते हैं जैसे जी कर
कोई एहसान किया करते हैं

हाथ में हों तो बेक़दर हो कर
रेत की तरह फ़िसल जाते हैं
जब बढ़ो आगे तो वो ही लम्हे
पीछे आवाज़ दिया करते हैं

हर दफ़ा औरों का रुसवा करना
हर दफ़ा फ़िर वही तौबा करना
हां मगर फ़िर नया रिश्ता बुन कर
फ़िर नया दर्द लिया करते हैं

भूल जाने का गुमां करते हैं
भूल पाने की दुआ करते हैं
और तन्हाइयों में खुल जाएं
ज़ख्म कुछ ऐसे सिया करते हैं

30.

अर्से के बाद, कुछ वक़्त पहले
एक महफ़िल में यूं ही बैठे बैठे
मैं चौंक सा पड़ा!
लगा... उसे देखा.

मैं सही था, वो वही थी,
वैसी ही, जैसी मुझे छोड़ कर गई थी

पर वो अकेली नहीं थी
साथ एक बंधन भी था, उसका बंधन

उसे भी मेरा एहसास हो गया था
ठिठकते कदम, लड़खड़ाती आवाज़ बता रही थी
मैंने कहा ना, वो ठीक वैसी ही थी

मुझे यक़ीन था, वो आएगी
इक बार ही सही, गुज़रे वक़्त के वास्ते ही सही
पिछले सालों का हिसाब लेने

पर मैं ग़लत था, वो चली गई
न कुछ कहा, न कुछ सुना, न मुड़ के देखा ही

मैं समझता था, मेरा रिश्ता मज़बूत है, और गहरा भी
और उसका बंधन कमज़ोर है, और ओढ़ा हुआ भी

पर मैं भूल गया था, हममें फ़र्क है

मैं उनमें से हूं, जो जिसे चाहते हैं, उसे बांधने लगते हैं
और वो उनमें से है जो जिस से बंध जाते हैं, उसे चाहने भी लगते हैं.

31.

दर्द जब फ़ितरत ही बन जाए, कम-असर सा लगता है
आदमी रोज़ के ज़ख्मों से बेख़बर सा लगता है

दूर हों तो चंद लम्हे भी बरसों से लगते हैं
पास हों तो इक अर्सा भी मुख़्तसर सा लगता है

चार बरतन की रसोई, इक फ़टी चादर की छत है
क्या वजह है फ़िर भी ये मंज़र कोई घर सा लगता है

तुम कभी दुनिया को कागज़ पर बना कर देखो
फ़लसफ़े छोड़ो, मगर वो भी एक सिफ़र सा लगता है

32.

क्यों बेमतलब किसी से बाद में कोई ग़िला रखना
ये बेहतर है कि पहले से ही थोड़ा फ़ासला रखना

ज़रुरी तो नहीं हर शख़्स का दिल एक जैसा हो
सभी के राज़ रखना, एक ही को राज़दां रखना

ख़ुदा तू चाँद-सूरज तो भले ही बांट औरों में
मगर मेरे लिए भी एक मुट्ठी आसमां रखना

कभी जो दिन कोई लोगों में हंसते-खेलते गुज़रे
तो अपने हिस्से में भी चंद लम्हों का ख़ला रखना

33.

तुम ख़ुशी को ढूंढोगे तो सब सुकूं खो जाएगा
तुम सुकूं को ढूंढ लो तो हर ख़ुशी मिल जाएगी

दौड़ते रहने से सारी उम्र कुछ मिलता नहीं
रुक के देखो हर लम्हे में ज़िंदगी मिल जाएगी

ग़र शुब्हा हो सामने हो कर भी ना पहचानोगे
ग़र यक़ीं हो दीद उसकी हर कहीं मिल जाएगी

ये सफ़र सदियों का है और रुह सदियों से वही
शक्ल चाहे हर दफ़ा फ़िर से नई मिल जाएगी

आँख खोलो तो जहां की तारीकी से वास्ता
मूँद लो तो अपने भीतर रोशनी मिल जाएगी

Lightning Source UK Ltd.
Milton Keynes UK
UKHW010729270223
417728UK00005B/597

9 798888 836729